27

_n 14529.

I0099267

ÉTUDE

MONTAIGNE

Suivie de

QUELQUES RÉFLEXIONS SUR NOTRE ÉPOQUE,

Lue à l'Académie d'Arras, dans sa séance du 18 juin 1858,

Par M. H. BILLET, avocat,

Membre résidant.

Extrait du Tome XXXIᵉ des Mémoires de l'Académie,

ARRAS,

TYPOGRAPHIE ET LITHOGRAPHIE DE A. COURTIN,

Rue du 29 Juillet.

—

1859.

ÉTUDE SUR MONTAIGNE,

Suivie de quelques Réflexions sur notre époque,

lue à l'Académie le 18 Juin 1858,

Par M. H. BILLET, avocat, membre résidant.

I.

Si les modèles les plus éclatants ne sont pas toujours les plus utiles, s'ils provoquent quelquefois l'ambition de les surpasser, la seule qui puisse inspirer de l'enthousiasme, il est cependant des gloires trop élevées, trop splendides pour qu'elles puissent rester dans le domaine des choses privées. Nous voulons surtout parler ici de nos grands littérateurs et des hommes d'État, dont la constance à suivre une même ligne, a laissé une trace remarquable dans l'opinion publique, alors surtout que dans les carrières ordinaires, qui sont celles du grand développement et de l'activité, ils les ont laissé s'écouler dans la dignité d'une inaction forcée et dans le silence de la réflexion.

Au-dessous de cette région où s'agitent les passions, où dominent souvent les préjugés, où devrait planer l'éternelle et inflexible loi du devoir, que les hommes ne peuvent déserter ni enfreindre, sans déshonneur, et qui démontre quand nous lisons l'histoire, que la cause vaincue n'est pas toujours la moins glorieuse, il est des hommes que la France a mis en première ligne parmi ses littérateurs, ses philosophes, et dont il est toujours permis de parler avec conscience et vérité.

C'est sur *Montaigne* que nous allons fixer un instant l'attention, en faisant suivre ce que nous avons à dire de cet homme célèbre, *de quelques réflexions sur l'époque actuelle.*

Tout ce qui touche à cet homme d'un génie si original semble sortir des règles ordinaires. Né en 1533, d'une famille noble du Périgord, son père voulut qu'il ne parlât que latin jusqu'à l'âge de dix ans; il lui donna pour précepteur un homme qui ne savait pas un mot de français; celui-ci apprit à la nourrice, aux domestiques, à la mère du jeune Montaigne, assez de mots latins pour les objets de première nécessité, et, en peu de temps, Montaigne devint si fort dans l'usage de parler et d'écrire cette langue, que les meilleurs orateurs du siècle n'osaient lutter avec lui. Son père n'était pas moins attentif à ménager ses organes qu'à les développer : il ne le faisait jamais éveiller qu'au son des instruments; il sentait qu'il était dangereux d'ébranler de si bonne heure, par un réveil brusque, les fibres du cerveau, et que la trop grande rigueur, à cet âge, pouvait produire un effet contraire à l'effet désiré; les enfants deviennent stupides quand on les mène durement; la douceur développe les facultés de leur esprit, et la crainte finit par les absorber entièrement. Après avoir consacré ses plus jeunes années à l'étude de la langue latine, Montaigne apprit l'idiome de son pays, et l'on jugera encore mieux des progrès qu'il fit et des éloges qu'on lui doit, si l'on veut se rappeler ce qu'était alors la littérature. L'éclat que François 1er avait cherché à répandre sur les lettres était entièrement dissipé. Henri II, qui hérita de la valeur de son père, n'hérita pas de son esprit et n'encouragea pas comme lui les arts et les sciences ; quelques ballades, des rondeaux, des virelais, des quatrains étaient nos chefs-d'œuvre. Comme ouvrages en prose, on ne connaissait que les thèses de théologie, que les disputes savantes du clergé catholique et du clergé protestant ; le style était obscur, guindé, hérissé de sentences et de lieux-communs. Etait-il probable qu'au milieu de cette ignorance presqu'universelle, un homme fort de ses propres lumières, un écrivain ingénieux, un penseur profond, un moraliste aimable, Montaigne enfin, paraîtrait armé du flambeau de l'expérience et de la morale pour éclairer ce siècle de ténèbres, et donner des leçons qu'il puisait dans sa forte et originale raison ?

Je conçois que de son temps, il ne fût pas compris ; du nôtre il ne l'est pas bien encore, et il coûtera toujours à ceux qui voudront l'approfondir un effort pénible, celui d'essayer de s'élever jusqu'à lui. Aucun écrivain n'a fait autant de bruit, aucun n'a été plus mal apprécié : pourquoi ? c'est que tous ceux qui ont essayé son éloge n'ont pas assez médité ses ouvrages, ils ne sont pas entrés dans le secret d'une composition vraiment originale : ils n'ont pas pénétré les mystères d'un style pour ainsi dire neuf et vieux, pour lequel Montaigne n'eut jamais de modèle et n'aura jamais d'imitateur.

On peut encore assigner une autre cause à l'erreur de ses panégyristes, c'est qu'en voulant l'analyser, ils ont perdu leur temps et leur travail. Montaigne ne connut jamais de méthode :

il pensait et il écrivait ses pensées sans suite et sans ordre ; il intercalle telle matière au milieu de telle autre ; il faut souvent chercher à la fin du livre l'objet annoncé dans le premier chapitre, son ouvrage est un labyrinthe, où l'œil est charmé, où l'imagination est séduite, mais où l'esprit logique ne trouve pas le fil conducteur.

Mme de Bourdic, si connue par ses productions spirituelles, a fait l'éloge de Montaigne, on y trouve de la grâce, de la facilité, des aperçus piquants ; mais elle est rarement à la hauteur de son sujet · c'était une tâche trop forte pour la plume d'une femme ; tel brille dans les surfaces qui ne peut pas sonder les profondeurs, et Mme de Bourdic louant Montaigne, ressemble à la colombe qui veut imiter le vol de l'aigle.

De nos jours, Mme Georges Sand, lisant pour la première fois et en entier, dans sa retraite d'Ormesson, le livre des *Essais* qui étincelle de tant d'érudition, de bon sens et de verve gauloise, nous dit avec cette haute raison qui la distingue : « Je ne pouvais me lasser de cette forme charmante et de cet aimable bon sens dont le scepticisme ne m'a jamais paru dangereux et affligeant. Montaigne ne me fait pas l'effet d'un critique, mais d'un stoïque ; s'il ne conclut guère, il enseigne toujours. Il donne, sans rien prêcher, l'amour de la sagesse, de l'indulgence pour les autres, de l'attention sur soi-même. Son cynisme inspire le goût de la chasteté, ses doutes conduisent au besoin de la foi. (C'est bien entendu dans le sens le plus large que ce mot est ici employé et sans le renfermer dans les limites d'aucun culte). Enfin, il en est de son œuvre comme de tout ce qui sort d'une belle intelligence. Elle fait réfléchir, mais d'une réflexion saine et calmante. (*) »

(*) *Histoire de ma Vie*, tome XIII, chap. IX.

II.

Un des grands mérites de Montaigne est de gagner à l'examen : quiconque l'a lu veut le relire. C'est un plaisir nouveau. On découvre alors des beautés qui étaient restées inaperçues, qui avaient échappé à une première lecture; tout y est instruction, rien n'est à négliger; il est comme la terre, où chaque plante trouve le suc qui la nourrit; dédaigner un seul coin de ce sol fertile, c'est dérober quelque chose à la lecture de l'esprit humain.

Montaigne fut admiré fort tard, mais il n'en est que mieux jugé : les bonnes réputations ressemblent aux amitiés franches; le temps est leur creuset. La renommée viagère est quelquefois bien peu de chose : elle dépend de quelque heureux hasard, de quelques ressorts secrets qui se démontent d'eux-mêmes. L'enthousiasme commence par écarter la réflexion; mais par un retour inévitable la réflexion détruit l'enthousiasme. Jamais le peuple athénien n'éleva de statue à Démosthènes : il en éleva un grand nombre à Démétrius de Phalère; il est vrai que peu après il les abattit toutes : le peuple n'eut point abattu les statues de Sophocle. Montaigne avait cette persistance de nos ancêtres du moyen-âge et quelque chose qui manque à bien des gens aujourd'hui, cette faculté du citoyen, à savoir nettement ce qu'on veut et à nourrir en soi des volontés longues et persévérantes.

III.

Les ouvrages de Montaigne sont devenus un butin pour ses successeurs : Bayle surtout y puisa des connaissances utiles et emprunta ses idées sans s'élever jusqu'à son génie. Jean-Jacques usa largement de ces emprunts philosophiques ; on voit qu'il avait lu Montaigne, qu'il l'avait compris et il lui doit beaucoup, quoiqu'il n'ait jamais *avoué sa dette*. On peut s'étonner, d'après cela, qu'il ait aussi peu ménagé son créancier; il ne néglige pas une occasion de le critiquer ; à ses yeux l'originalité de Montaigne est de l'affectation, et sa morale est du cynisme Nous n'examinerons pas ici jusqu'à quel point ces accusations peuvent être fondées : ce qu'il y a de remarquable, c'est qu'en attaquant Montaigne, Jean-Jacques s'efforce de prendre son ton et sa manière.

Proclamons ici que malgré l'injustice ingrate de Rousseau, Montaigne n'en est pas moins un de ces écrivains originaux qui viennent de loin en loin honorer la littérature, un de ces vieux auteurs qui ne vieillissent pas, et dont une ligne fait enfanter des volumes ; jusqu'au temps où Montaigne écrivit, la naïveté était le seul caractère de la langue ; il n'y avait aucune dignité, aucune harmonie, aucune précision. Montaigne nous fait connaître une grande partie de ses ressources ; il dit tout ce qu'il veut dire, et l'exprime avec autant d'énergie que de facilité ; ce n'est pas chez lui un talent, c'est un secret : c'est le même que possédait notre immortel fabuliste ; Montaigne est presque le Lafontaine de la prose.

IV.

Si Montaigne s'est élevé au-dessus de son siècle par la force et la pénétration de son esprit, par la profondeur, l'importance et la justesse de ses observations, la finesse de ses vues, l'étendue de ses connaissances ; s'il fut parmi nous un des fonda-

teurs de la philosophie et si elle lui doit plus qu'à aucun autre
écrivain de la Renaissance, on peut dire qu'il a rendu le même
service à la langue française, et qu'il en est également le créa-
teur. De quelle richesse de forme, de quelle variété de mouvement, de quel choix d'heureuses expressions, de quelles allian-
ces neuves ne l'a-t-il pas enrichie ? Tous les genres lui sont
également familiers. Tantôt il nous séduit par la facilité , la
grâce et l'abandon , tantôt il nous surprend par l'éclat de la
pensée, ou nous entraîne par le charme de l'éloquence. Sa dic-
tion, sans doute , n'est pas toujours également pure, sa pensée
n'est pas toujours exprimée avec la même facilité ou la même
élégance, quelquefois elle se voile de nuages légers ; mais après
s'être obscurcie un instant , elle reparaît plus brillante et plus
vive.

M. Villemain, cet homme d'un si haut caractère , et l'une
des gloires de notre France littéraire, examinant le style de
Montaigne, a fait valoir, avec beaucoup de talents et de grâces,
les éloges qu'il lui a donnés. Rien n'échappe à son œil exercé ;
il déroule avec une extrême sagacité tous les secrets de l'art ,
tous les artifices du langage de Montaigne. Il loue surtout son
imagination et fait remarquer que c'est la qualité dominante de
son style. Montaigne, en effet , n'a point de supérieur , on le
sait , dans l'art de peindre par la parole : ce qu'il pense il le
voit, et par la vivacité de ses expressions il le fait briller à tous
les yeux ; telle était la prompte sensibilité de ses organes et
l'activité de son âme, qu'il rend ses impressions aussi fortement
qu'il les reçoit.

C'était aussi la vivacité d'esprit de Montaigne qu'admirait
Voltaire ; c'était à elle que Malebranche, ce célèbre ennemi de
l'imagination , se plaisait à rendre le plus brillant hommage ;

mais Malebranche en faisait le mérite dominant des *Essais*. Si quelquefois Montaigne se livre trop aux inspirations d'un esprit libre et hardi, il ne tarde pas à rentrer dans le centre de la sagesse, de la raison et rachète d'ailleurs ses fautes par tant de belles qualités, qu'on aime mieux en quelque sorte le trouver coupable, qu'innocent. Cette variété étonnante de tours, d'expressions, d'images, de figures qui frappent sans cesse dans les écrits de Montaigne, cette heureuse fécondité prend sa source dans l'imagination des grands écrivains de l'ancienne Rome.

On se représente habituellement Montaigne comme le modèle de la franchise et de la naïveté; on cite sans cesse son bon naturel et sa bonhomie. Si Montaigne se montra bonhomme lorsqu'il parlait de lui, il n'en savait pas moins s'élever à toute la force et à la majesté du langage, quand il était animé par le souvenir d'un grand sentiment, d'une action noble et généreuse; veut-il peindre l'homme de cœur, il le montre *tombant, obstiné dans son courage, regardant encore, en rendant l'âme, son ennemi, d'une vue ferme et dédaigneuse, battu, non par des hommes, mais par la fortune, et tué sans être vaincu.*

Si Montaigne s'élève souvent à toutes les hauteurs de l'éloquence, il se rapproche aussi quelquefois de la grandeur outrée de Sénèque et de Lucain. Il aimait ces deux auteurs et ne haïssait point leurs images hardies jusqu'à l'exagération, leurs expressions éblouissantes et leurs coups de pinceau plus énergiques que réguliers; mais on doit pardonner ces défauts à la vivacité de son imagination, à la rudesse des temps où il vivait. Montaigne s'occupait fort peu de l'arrangement des phrases, souvent même il négligeait l'ordre de ses idées, et le mérite de ses écrits est plutôt le fruit du génie que celui du travail.

C'était ce travail qui choquait Malebranche, c'était cette insouciance qui offensait Pascal ; et comment ces deux écrivains, tant
occupés de la recherche de la vérité, auraient-ils pu s'entendre
avec un auteur qui considérait les objets plutôt qu'il ne les étu-
diait; qui, tout entier à sa douce indolence, examinait tout et ne
décidait rien , vivait au milieu du monde et ne prenait part à
aucun événement; qui semblait retiré tout entier en lui-même
et concentré dans un impénétrable égoïsme.

V.

Mais cet égoïsme que tant d'écrivains ont reproché à Montaigne , existait-il réellement? Non, a dit M. Villemain, jamais
l'illustre auteur des *Essais,* l'ami de la Boëtie n'a mérité ce re-
proche.

Non, l'égoïsme, ce sentiment blâmable, cette passion avilis-
sante, n'a jamais trouvé place là où régnait la pure amitié.

‹ Oh ! la Boëtie , que votre nom toujours répété serve à la
› gloire de votre ami ; que toujours l'on pense avec délices à
› cette union de deux âmes vertueuses qui , s'étant une fois
› rencontrées, se mêlèrent , se confondirent à jamais. La mort
› vint briser des liens si doux ; le plus à plaindre des deux fut
› celui qui survécut et demeura frappé d'une immense bles-
› sure.

› Deuil sacré de l'amitié, sainte et inviolable fidélité qui n'a
› plus pour objet qu'un souvenir ! Quelle est l'âme détachée
› d'elle-même qui se plaît à prolonger son affliction pour ho-
› norer la mémoire de l'ami qu'elle a perdu ? C'est celle de
› Montaigne; c'est Montaigne qui se fait une religion de la
› douleur, et ne craint d'être troublé dans ses regrets que par

» un bonheur où son ami ne peut plus être, qu'il ne peut plus
» partager. »

Comment Montaigne, au milieu de tant de troubles, au milieu de partis qui se heurtaient avec tant de violences devant lui,
parvint-il à conserver la plus douce tranquillité, quel système de
vie avait-il embrassé? Serait-il donc plus facile de composer
avec le fanatisme religieux, qu'avec le fanatisme politique?
L'homme de bien pouvait donc, dans ces temps malheureux,
trouver encore un asile et converser paisiblement avec l'écho.

Elevé avec douceur, l'âme de Montaigne contracta d'heureuses habitudes; familiarisé dès ses tendres années avec les plus
beaux génies de l'antiquité, il sentit le besoin de vivre avec eux,
apprit à penser dans leur société et s'accoutuma de bonne heure
aux charmes du repos et de l'indépendance. La liberté, ce rêve
doré de la jeunesse, et une espèce de nonchalance, étaient le
sentiment qui dominait Montaigne; mais il est deux sortes de
nonchalance, l'une engourdit et attriste les petites âmes et les
fait végéter sous le poids d'un ennui perpétuel, l'autre se nourrit
dans quelques âmes privilégiées dont les pensées et les désirs
sont étrangers aux intérêts vulgaires. Evitant la contrainte im-
portune des travaux commandés, celle-ci est ingénieuse à se
créer des occupations libres, sereines, élevées comme elle, et
s'y livrant, ou les interrompant chaque jour à son choix, elle
allie avec délices les charmes d'une utile insouciance aux plaisirs d'une riante et douce activité. Un des plus beaux titres de
gloire pour Montaigne, c'est d'avoir, par la seule puissance de
son esprit, élevé son jugement au-dessus des superstitions, des
erreurs et des préjugés de son temps. Et quelle époque que
celle où il vivait! Les rêves de l'astrologie judiciaire infectaient
les plus hautes classes de la société Les bûchers étaient dres-
sés pour les juifs, les sorciers, les hérétiques.

L'esprit humain était abruti par mille croyances absurdes.

Montaigne les combattit par la puissance du raisonnement, et dans cette lutte honorable, on ne le vit jamais douter un instant de ses forces et de la victoire.

VI.

On a reproché à Montaigne des paradoxes; il s'est fait, dit-on, le détracteur des sciences et des lettres; mais Sénèque avait fait de même avant lui.

M. Villemain a très bien plaidé cette partie de la cause de Montaigne, et tout ce qu'il dit sur la philosophie de ce célèbre écrivain, est plein de justesse et de vérité. Ce n'est pas le ton du panégyrique auquel il a recours, mais il se livre à un examen sage et judicieux qui respire la modération et l'impartialité.

Les égarements du fanatisme, les sanglants débats de l'école, les luttes des dogmatiques et des scholastiques et surtout leur ton arrogant blessaient l'indépendance de Montaigne. Leur lutte, leur querelle étaient en contraste avec son humeur pacifique. Leur obstination affligeait son amour pour la vérité et leur subtilité excitait son mépris. Dans son antipathie pour eux, désirant leur déplaire, il choisit les formes qu'il jugeait les plus propres à faire sentir le ridicule et les erreurs de l'espèce de philosophie dont il s'éloignait par caractère, par goût et par principes. Dans un temps où de stupides folies et d'odieux préjugés trouvaient d'ardents défenseurs, était-il prudent de donner aux préceptes de la philosophie un éclat dangereux, et d'éblouir par un excès de lumières des yeux qui chérissaient les ténèbres et l'obscurité.

Montaigne voulant concilier, avec le désir d'éclairer les hommes, celui de couler des jours paisibles, donnait les découvertes de sa raison pour les jeux de son imagination et dès que le sujet d'un chapitre pouvait porter ombrage à l'autorité, on le voyait, usant de prudence, chercher à prévenir de téméraires accusations.

Ce fut ainsi qu'il parvint à vivre dans une heureuse sécurité, et qu'il nous conserva un ouvrage où l'on retrouve aujourd'hui le germe de tous les systèmes développés par nos plus célèbres philosophes.

VII.

Le livre des *Essais* a été long-temps le seul livre original qu'on pût lire en France; et après les siècles de Louis XIV et de Louis XV, il fait encore les délices de tous ceux qui aiment les lettres et la philosophie. D'où provient cet attrait singulier? quel charme peut nous séduire dans un auteur qui approfondit peu, qui s'abandonne comme à dessein à toutes les fantaisies de son imagination, qui promène ses pensées à travers mille objets différents. On trouve la solution de ce problème dans le caractère même de Montaigne et la nature de ses défauts. Ce qui nous plaît surtout dans ses écrits, c'est qu'il enveloppe ses leçons de tant de rêveries aimables, qu'on ne redoute en lui ni le censeur malveillant, ni le dogmatiste sévère.

La plupart des moralistes qui veulent nous armer contre les maux de la vie, raisonnent tristement, nous donnent des idées vraies mais froides, qui glissent sur l'âme. Les pensées de Montaigne sont à la fois ingénieuses et justes. Ce mélange de force de grâces et de gaîté, donne à ses leçons un charme qu'on ne trouve nulle part.

Il nous semble, en effet, qu'on aime Montaigne philosophe, comme on aime Henri IV, parce qu'ils savent l'un et l'autre descendre jusqu'à nous et partager nos faiblesses. Ses longues digressions sont un labyrinthe où l'on aime à s'égarer ; et quand il parle de lui on ne s'en offense pas, parce que son égoïsme est bon, simple et naïf, et qu'en s'occupant de lui-même on s'aperçoit qu'il s'occupe des autres. Comme il est convaincu que la plupart des hommes se ressemblent, il croit ne pouvoir mieux les étudier qu'en consultant ses propres goûts, ses propres affections et la marche particulière de ses idées.

L'extrême liberté avec laquelle il s'exprime, ne lui permet guère de songer aux ornements du style. Cette négligence même répand dans ses ouvrages une extrême variété, une simplicité douce, naïve et beaucoup de mouvement. Mais quand son imagination est fortement frappée, que son cœur est vivement ému, alors l'expression vient au-devant de lui, son style est riche d'images hardies, de tours poétiques, d'expressions colorées, vives, pittoresques, heureux dans ses tons variés, et jamais la monotonie n'appesantit sa plume. Veut-il rendre un sentiment avec force, des ressorts inattendus obéissent au mouvement de son âme : veut-il peindre des idées aimables, il les présente mollement et leur donne une grâce naïve. Mais ce qui répand un charme inimitable sur ses ouvrages, c'est je ne sais quoi de simple, de piquant qui fait douter s'il écrit ou s'il parle. Il est possible que Montaigne ne soit pas toujours un excellent instituteur, mais il est constamment un bon ami. On lui a reproché quelques contradictions, mais dans quel écrivain n'en trouve-t-on pas? avons-nous toujours la même manière de voir et de sentir? nos goûts et nos affections ne changent-ils pas avec les différences de l'âge, des circonstances, des humeurs? L'imagination et le sentiment ne sont-ils pas susceptibles d'une mobilité qu'il nous est souvent impossible de prévoir et difficile de régler.

VIII.

Montaigne commença *ses Essais* assez jeune, il les termina dans la maturité de l'âge. N'est-il pas naturel que les lumières de l'expérience et de plus longues réflexions lui aient appris à considérer les objets différemment? Ces légères variations suffisent pour expliquer la diversité des jugements au sujet de Montaigne. Peu de personnes ont lu son ouvrage *en entier ;* on l'ouvre, on en parcourt quelques chapitres, on le quitte pour le reprendre, et sans se donner la peine de juger l'ensemble, on prononce d'après des impressions partielles et incomplètes.

Des souffrances aiguës éprouvèrent la constance de Montaigne qui, long-temps heureux, semble formé pour ne connaître sur la terre que la rêverie, l'insouciance et la gaîté.

Quel touchant intérêt il inspire dans cette situation! Je ne pense pas qu'aucun vieillard, aucun être souffrant lise, sans éprouver de consolations, les pages dans lesquelles il s'entretient des motifs qui le rendent patient au milieu de ses douleurs.

Il est une philosophie théâtrale et **vertueuse** qui se tait dans les dangers; les coups du sort brisent ses échasses.

Il en est une autre qui nous reste fidèle ; modeste dans ses promesses, elle sait les réaliser toujours.

Montaigne en fit l'épreuve ; elle avait modéré les plaisirs de son jeune âge ; elle vint tempérer les douleurs de sa vieillesse.

RÉSUMÉ.

Nous dirons pour nous résumer et pour fixer les bases principales du mérite de Montaigne : Qu'il était économe de mots et prodigue de choses; qu'il accumula les idées et négligea les périphrases ; qu'il écrivait en pensant ; que si chez d'autres la phrase détermine l'idée, chez lui l'idée déterminée , on sent ce qu'il va dire, sans jamais prévoir comment il le dira ; que tantôt gai, tantôt sévère, toujours piquant, toujours précis, la matière la plus aride devient féconde sous sa plume.

Parmi les nombreuses maximes proclamées par Montaigne, nous citerons celles-ci :

‹ Les sentiments d'humanité et de justice ne sont un privilège pour personne ;

› Une prière ne doit jamais être une *précaution oratoire*, mais l'expression d'une *nécessité sentie ;*

› Le *contentement de soi* est la muette et intime approbation que l'homme de bien se donne à lui-même et qui a le ciel pour témoin. ›

Enfin, tout ce que dit Montaigne est substantiel , il n'écrit que pour ceux qui savent penser et réfléchir et voilà pourquoi il a si peu de lecteurs.

Montaigne est donc inscrit l'un des premiers sur la colonne de notre gloire nationale, il y occupe une place glorieuse parmi les littérateurs et les philosophes qui ont porté si haut le nom français et qui l'ont placé à la tête de la civilisation. Entre cette phalange lumineuse à laquelle il appartient et les écrivains rétrogrades de toutes les époques, il y aura toujours un abîme.

Les chauve-souris et les aigles ne volent ni à la même heure ni dans les mêmes régions du ciel.

RÉFLEXIONS SUR NOTRE ÉPOQUE.

De nos jours on s'occupe en France, et l'on a raison, du travail matériel. C'est bien, c'est très bien. On aime à voir cette activité. Oui, vive le travail, mais *tout le travail*, non pas seulement celui du terrassier et du maçon, de la forge et de l'atelier : vive aussi le travail qui illustre la nation française, qui lui donne un rang parmi les grandes ouvrières du progrès.

Celui-là comme l'autre a ses droits et ses besoins.

Arrière donc ceux qui disent : *un littérateur, un journaliste, un historien, un poète, qu'est-ce que cela ? qu'est-ce que cela produit ? à quoi cela sert-il ?*

Nous ne ferons certes pas à l'intelligence et à l'esprit l'injure de les défendre. Nos gloires nationales ne sont pas seulement fortes de l'admiration et du respect de tous les grands cœurs, elles sont plus fortes encore peut-être des injures et des malédictions. Elles rayonnent comme le soleil de leurs propres lumières et se vengent comme lui en éclairant ceux qui les blasphèment.

En France, l'intelligence et l'esprit se passent facilement de l'apologie de ceux qui, dans tous les temps, combattent le progrès. Ces impuissants ennemis loin d'éteindre, comme ils le voudraient, la race des *libres-penseurs*, ne font que la fortifier par les épreuves auxquelles ils la soumettent.

Au milieu de toutes les luttes qui existent de nos jours, les écrivains éclairés et dégagés de prévention ne s'y trompent pas. Ils savent que l'honnête homme ne commet que d'honnêtes actions, aussi naturellement que des esprits étroits ne conçoivent que des idées étroites ;

Que le dénigrement et l'envie se refusent à croire aux sentiments désintéressés, élevés, généreux, et que dans la vie d'un homme de cœur, il y a toujours un moment où il peut tout dire ;

Que l'erreur n'a qu'un temps, que la vérité, par sa nature, échappe à toutes les souillures, que ceux qui la profanent ne sauraient ni la compromettre ni la déshonorer, que la vérité est éternelle, que rien ne doit faire dévier un homme vertueux de la ligne droite et que le culte exclusif des sens prépare les hommes au respect aveugle des faits ;

Que si à notre époque et sur le tortueux chemin de la vie, bien des voyageurs s'égarent et manquent à leur mission, en se prostituant à la fortune et en devenant des *manieurs d'argent,* il faut combattre ceux qui, ayant les yeux sans cesse tournés vers le veau d'or, prostituent trop souvent sans pudeur leurs pensées, leurs affections et l'activité de la vie, aux séductions de ce culte dégradant ;

Que c'est une tactique imprudente que de vouloir quelquefois mesurer la religion aux intérêts terrestres, et de faire dépendre son triomphe d'une victoire de parti.

Ils savent que la liberté est la première condition du développement de l'intelligence, que la pensée est la liberté de l'âme, qu'on ne doit pas faire grand cas de cette littérature légère qui veut distraire le peuple seulement et qu'on doit surtout encourager les travaux qui, avant tout, touchent les intérêts de l'humanité.

Ils savent que le travail est la condition suprême des sociétés modernes, qu'il est la source de toute dignité, de toute indépendance, que la loi est le noble et saint drapeau des peuples civilisés ; qu'au-dessus des faits qui passent et des sens qui s'émeuvent, il subsiste dans l'impassible calme de l'éternité, une idée que rien n'altère, qu'on ne peut détruire, *la justice ;*

Qu'avant tout il faut être de son temps, ne pas dénigrer une époque pour en exalter une autre, que voilà pourquoi ils reconnaissent les philosophes du commencement du XVIIIe siècle comme nos guides dans le progrès, et que, sans méconnaître ce qu'il y a de grand dans quelques phases de la monarchie française, l'histoire de France, réellement nationale, commence à la date glorieuse et ineffaçable de 1789.

Ils savent que les secousses violentes compromettent la liberté plus qu'elles ne la servent; que les progrès, au contraire, sont des révolutions lentes qui s'accomplissent sans commotion et dont les résultats sont par cela même durables. Ils savent enfin que de nos jours où les *capacités sont si nombreuses et les caractères si rares,* on ne doit jamais oublier, en formant des entreprises pour le bonheur de l'humanité, de faire entrer dans ses calculs les passions et les vices des hommes, mais qu'il vaut encore mieux, dans la route du progrès, s'exposer à quelques mécomptes, comme de son temps Montaigne le disait déjà, que de rester constamment les bras croisés et de s'accroupir dans les vieilles ornières de la routine.

FIN.

Typographie de A. Courtin, rue du 29 Juillet.